Secrets pour les influenceurs:

Hacks de croissance pour Twitch

# Table des matières

Guide complet pour se développer potentiellement sur Twitch — 5

Découvrez, qu'est-ce que Twitch ? — 5

De quoi dépend la croissance de Twitch ? — 7

Paiement Prime Gaming et abonnements aux chaînes — 10

Comment améliorer la sécurité de Twitch — 11

Apprenez à streamer sur Twitch — 12

Ce que vous devez savoir pour configurer Twitch : Panneau de configuration — 14

Connaissez-vous les astuces de la configuration Twitch ? — 18

Comment gagner des followers sur Twitch — 20

Comment gagner de l'argent avec Twitch — 26

Découvrez ce qu'est la Twitchcon. — 27

Ce qu'il faut pour créer une chaîne à succès sur Twitch — 29

De quel type de logiciel avez-vous besoin pour faire du streaming sur Twitch ? — 30

Comment faire du streaming à partir de consoles de jeux vidéo — 31

Comment diffuser sur Twitch depuis un PC ? — 32

Comment diffuser sur Twitch depuis la Xbox One ? — 33

Comment streamer sur Twitch avec la PS4 — 35

Comment diffuser sur Twitch avec la Nintendo Switch ? — 36

Comment capturer les moments les plus épiques sur Twitch ? — 37

Données de marketing numérique de Twitch pour 2021 — 39
Les tendances que vous devez connaître sur Twitch — 42
La raison pour laquelle Twitch a besoin de stratégies marketing — 48
Comment diversifier votre public — 50
Les meilleurs jeux à connaître pour Twitch — 55
Stratégies pour accroître l'engagement sur Twitch — 65
L'algorithme de Twitch qui entrave votre croissance — 71
Tout sur les bots de Twitch et leurs fonctions — 72
Apprenez à utiliser un robot pour les discussions sur Twitch. — 75
La liste incontournable des meilleurs chatbots à utiliser sur Twitch — 77
Le hack gratuit pour Twitch.tv 2021 dont vous avez besoin — 81
Les meilleurs hacks payants pour Twitch — 83
Pouvez-vous bannir un compte pour avoir utilisé un hack ou un bot ? — 84
Découvrez comment augmenter et truquer le nombre de spectateurs sur Twitch. — 85
Rencontrez les meilleurs robots de Twitch — 87

# Guide complet pour se développer potentiellement sur Twitch

Vous voulez avoir le meilleur impact possible sur Twitch, derrière cette plateforme vous trouvez une grande opportunité d'augmenter vos followers avec les bonnes actions, vous devez connaître toutes sortes d'astuces pour réussir sur ce média social qui donne de plus en plus de personnes qui aiment ce coin numérique.

## Découvrez, qu'est-ce que Twitch ?

Derrière Twitch se cache le développement d'une plateforme dédiée au streaming, qui devient de plus en plus tendance ; pour cette raison, vous devez connaître en profondeur ce service afin de tirer le meilleur parti de chaque fonction, grâce à ce guide vous pourrez créer votre compte et diffuser du contenu attractif.

Depuis 2011, l'arrivée de Twitch a généré de bons sentiments dans le monde en ligne, en effet, elle est apparue comme une plateforme secondaire et son utilité était si élevée qu'elle est devenue la principale, au point d'être dans l'ombre d'Amazon, ce qui est le reflet du nombre d'utilisateurs qui héberge cette plateforme de streaming de jeux vidéo.

La plupart des joueurs suivent et apprécient aujourd'hui une chaîne Twitch, idéale pour profiter du streaming en direct, elle prend en charge toutes sortes de thèmes mais celui qui a acquis le plus de puissance est le jeu vidéo, les streamers ont également accès à l'interaction en temps réel avec chacun des followers.

Le service ressemble largement à YouTube, et cette similitude se traduit par un niveau de trafic élevé, mais il se différencie par certaines fonctionnalités permettant de donner ou de recevoir des pourboires, au point de devenir le meilleur service de streaming de jeux vidéo avec plus de 3,8 millions de chaînes disponibles.

**L'utilité de Twitch**

Pour avoir accès à Twitch juste pour regarder du contenu, il n'est pas nécessaire de s'enregistrer, mais si vous voulez être un streamer, vous devez créer un compte, ce qui rend important de se rapporter à la catégorie de contenu, en plus de l'incorporation de tags car cela aide la recherche sur cette plateforme à vous placer dans une meilleure position.

Les streamings liés aux tags rapprochent chaque follower du contenu que vous diffusez, ce ne sont rien d'autre que des mots en gris qui se trouvent en dessous du direct, ce type de mots est associé à des tendances et si vous voulez que votre contenu en fasse partie il vous suffit de placer les tags qui correspondent.

Vous devez tenir compte du fait qu'à l'intérieur de la catégorie vous obtenez deux sections supplémentaires, tout comme les vidéos et les clips, à travers chacune d'entre elles vous trouverez des contenus différés, ceux-ci proviennent d'enregistrements en direct d'autres jours, la différence entre une section ou une autre est que les clips sont des fragments des meilleurs moments d'un enregistrement.

Twitch peut avoir de nombreuses utilisations et une grande diversité de contenus, c'est donc un support original pour fournir un contenu de première classe, au point de trouver du contenu par le journalisme qui a provoqué de bons sentiments sur le public, c'est une occasion de poster des sujets intéressants de votre préférence.

## De quoi dépend la croissance de Twitch ?

Une fois que vous avez une chaîne, l'objectif principal est d'obtenir des followers, de plus chaque follower pourra compter ou recevoir des notifications lors de la publication de nouveaux contenus, il est important que vous puissiez rester à l'écart des commentaires haineux et discriminatoires car c'est une raison suffisante pour dénoncer le créateur du contenu.

Une fonction à considérer est également la fonction de messagerie pour maintenir vivante l'interaction du canal avec les utilisateurs, avec la qualité d'ajouter des amis pour créer des alliances, ou de former une liste d'utilisateurs pour obtenir un contact intéressant, l'essentiel est de maintenir vivant ce lien social pour recevoir l'attention de plus d'utilisateurs.

**Pourquoi les streamings Twitch gagnent en popularité**

Lorsque l'on veut réussir sur Twitch, penser à la création de contenu est une nécessité, car la dynamique est de donner envie aux gens de regarder les autres jouer, mais pour qu'il y ait ce genre d'intérêt qui pour beaucoup est souvent incompréhensible, il faut trouver des idées originales pour faire une chaîne vraiment populaire.

Les thèmes qui s'adaptent le mieux à cette plateforme sont ceux qui fournissent des démos ou des versions préliminaires de jeux qui ont un large public. L'un des exemples les plus clairs est Call of Duty, où chaque fan peut obtenir les détails qui l'intéressent le plus et même profiter d'une avant-première.

Pour choisir une tendance, il existe de nombreux sites Web qui fournissent des informations sur les jeux qui sont idéales pour votre canal, avec ce genre de données ne reste que la tâche d'étudier en profondeur le sujet que vous voulez présenter, être streamers est un dévouement à découvrir le meilleur d'un jeu pour publier un moment amusant et intéressant.

Une première décision consiste à définir le type de thème que vous allez représenter dans la chaîne, ceci est important pour faire ressortir ou exposer votre côté fort afin de le recréer avec chaque contenu, en cherchant à tout moment à être innovant avec le thème sans négliger le charisme, le rôle joué par un streamer est clé.

L'intérêt pour un contenu n'est pas seulement basé sur le titre, mais les suiveurs montrent une grande fidélité à travers leurs commentaires et surtout avec la personnalité à travers le thème de la chaîne est recréé, bien que ce que tout le monde recherche, ce sont des chaînes où ils savent vraiment jouer et il y a quelque chose de nouveau à observer.

Les raisons pour lesquelles une chaîne gagne en popularité sont nombreuses, mais il est très inspirant de suivre de près les actions des stars millionnaires en ligne, comme ElRubius, qui est devenu une figure importante de cette plateforme en gagnant jusqu'à 4,3 millions d'euros en un an.

Normalement, les revenus des streamers les plus populaires se situent autour des chiffres ci-dessus, en particulier pour ceux qui se distinguent dans ce domaine, comme AuronPlay. En examinant ces types d'exemples, vous pouvez comprendre le type de trafic disponible et la manière dont ces chiffres ont évolué, c'est un exemple à suivre.

## Paiement Prime Gaming et abonnements aux chaînes

Comme Twitch provoque de plus en plus d'attraction, vient le doute sur chaque utilisateur ou la motivation sur le paiement d'un abonnement, cela a un mode principal qui est appelé comme Prime Gaming qui a reçu précédemment le nom de Twitch Prime, l'avantage de ce est que vous pouvez trouver des jeux gratuits ainsi que des articles populaires.

Cette opération de Prime Gaming est due à l'inclusion avec Amazon Prime, grâce à Amazon a acheté Twitch en 2014, donc quand vous payez un abonnement, vous avez déjà l'autre, ils sont synchronisés, le coût dans Twitch a un coût mensuel de 4 euros par mois avec l'offre d'accès à Amazon Prime.

Mais la conformation d'une chaîne est une créativité à 100%, puisque des abonnements individuels peuvent être proposés, de sorte que l'utilisateur peut bénéficier d'un paiement en échange de grands avantages, car chaque abonnement a un plan de base d'avantages, qui met en évidence la facilité d'éliminer les publicités après la transmission et un chat exclusif.

En plus de cela, il y a la possibilité de fournir et de créer un catalogue de vidéos disponibles uniquement pour les abonnés de ce type, ces avantages favorisent le thème esthétique et aide à débloquer beaucoup de fonctionnalités, ce type de soutien financier ne provoque rien d'autre qu'un stimulus direct pour le créateur de la chaîne.

## Comment améliorer la sécurité de Twitch

En intégrant Twitch au navigateur que vous utilisez quotidiennement, vous pouvez regarder de près les options qui se trouvent sur les paramètres du profil, car il y a une section de sécurité et de confidentialité pour lutter contre les pirates qui peuvent vouloir toucher et affecter votre compte, il est donc préférable de prévenir avec ces alternatives.

La première chose à prendre en compte pour éviter les problèmes sur Twitch est de créer un mot de passe sécurisé, il doit être long, combiné entre majuscules et minuscules, ainsi qu'incorporer des chiffres ou des signes de ponctuation, l'intention est qu'il soit unique, ensuite il est vital de couvrir l'étape d'authentification en deux étapes.

Il est très utile de disposer de ces mesures de sécurité afin que personne d'autre ne puisse avoir accès au compte si ce n'est par le biais du numéro de téléphone ou de l'adresse e-mail, vous pouvez donc compter sur la conception d'un compte sécurisé, mais surtout avec la tranquillité d'esprit pour créer du contenu et ne pas avoir de problèmes de ce type.

## Apprenez à streamer sur Twitch

Diffuser sur Twitch est très simple en général, il faut seulement prendre en compte la configuration qui est habituellement cachée pour certains, mais avec ce pas à pas vous n'aurez aucun problème :

- 1- Ouvrez OBS Studio, vous devez l'avoir téléchargé auparavant.

- 2- Une fois téléchargé, cliquez sur "Fichier" et ensuite sur "Configuration" pour trouver l'option "Emission".
- 3- Lorsque vous choisissez un type de diffusion, vous devez vous orienter vers celui qui offre le "service de retransmission".
- 4- Une fois que vous avez trouvé les services, vous pouvez aller sur "Twitch".
- 5- Lorsque vous êtes dans le serveur, vous pouvez compter sur l'option "Automatique (recommandé)".
- 6- Dans l'option Broadcast key c'est là que vous devez coller la clé qui s'affiche pour la diffusion du canal Twitch.

Pour savoir où se trouve la clé de diffusion Twitch, vous devez vous connecter au compte Twitch, une fois cette étape effectuée, vous pouvez cliquer après le nom d'utilisateur où se trouve votre avatar, cela apparaît dans le coin supérieur droit, où vous pouvez accéder au "Panneau de contrôle" et entrer dans les paramètres de la chaîne.

Lorsque vous êtes dans l'option canal, vous devez localiser l'option "Main Broadcast Key", où vous devez cliquer sur le bouton "Show", il est important que vous lisiez l'avis qui apparaît après cette option, lorsque vous êtes d'accord vous devez cliquer sur "Compris", de cette façon vous pouvez obtenir la clé de diffusion Twitch et entrer dans OBS.

## Ce que vous devez savoir pour configurer Twitch : Panneau de configuration

Il est important de connaître la configuration à appliquer dans Twitch surtout parce que c'est une plateforme pour les Streamers, donc elle a une configuration à laquelle il faut faire attention, pour avoir accès à chacune des fonctions et obtenir la chaîne pour obtenir la pertinence que vous attendez pour gagner de l'argent avec la création de contenu.

Tout d'abord, vous devez maîtriser chaque fonction de la plate-forme afin de pouvoir effectuer les configurations de base, en particulier les options suivantes du panneau de configuration :

- En direct

Cette alternative est connue sous le nom d'informations de diffusion, pour trouver le titre de la diffusion, en plus des notifications provenant de la diffusion en direct, la catégorie et le type de balises à utiliser ainsi que la langue, qui intègre le titre où vous avez 140 caractères disponibles pour créer un thème attrayant.

D'autre part, il y a les notifications de diffusion en direct, étant un message que chaque follower reçoit une fois que vous diffusez en direct, il est important de faire appel à un appel d'attention qui est efficace, pour obtenir cet effet vous avez 140 caractères pour réaliser cette mission.

Après la section de la catégorie est le jeu que vous allez consacrer à la diffusion, vous devez considérer que Twitch ordonne chaque diffusion par des catégories, donc vous ne pouvez pas ignorer cela mais choisissez la bonne catégorie afin que de plus en plus de téléspectateurs puissent accéder à votre contenu.

Dans le cas des balises, il s'agit de ressources importantes car elles permettent d'atteindre un haut niveau de suivi, en plus de l'aspect linguistique, tout dépend de la langue utilisée dans le relais, car cela génère un type d'accès pour qu'ils puissent vous aider de manière efficace.

- Extensions

La mission des extensions est une série d'applications ou de plugins qui peuvent être installés pour obtenir une grande configuration sur vos diffusions, gagnant ainsi l'attention après le contenu diffusé sur une chaîne, il y a plusieurs extensions qui s'adaptent à vos objectifs avec une grande facilité.

- Réalisations

Les systèmes de réalisation sont également présents sur la plate-forme Twitch, comme vous pouvez surmonter les utilitaires sont déverrouillés, de sorte que vous pouvez faire ressortir ces compétences en tant que streamer avec une facilité totale, pour faire face à l'obtention de plus de fonctionnalités que vous progressez comme un protagoniste de ce compte.

- Événements

Avant l'alternative des événements, c'est une opération qui imite la même dynamique offerte par Facebook, où vous avez l'attribution de publier une image comme une forme de publicité avec toutes les données, cela est utilisé comme une occasion spéciale pour générer une atmosphère d'attente qui se traduit par une grande marge de trafic.

- Activité

Le résumé de toutes les activités pertinentes pour le compte se trouve derrière cette section, il est basé sur un historique complet pour trouver les modifications, et aussi les transmissions ainsi que d'autres détails, suivant ainsi de près la croissance d'un compte et les comptes en attente.

- Outils de transmission

Pour créer des émissions, vous pouvez compter sur des outils qui vous aident à vous assurer que rien ne manque lorsque vous décidez de générer du contenu en direct, il existe toute une série de fonctions gratuites et payantes, la plupart d'entre elles s'appuient sur OBS comme solution, l'important est d'apprendre à connaître chaque outil pour l'utiliser à votre manière.

- Analyse

C'est une section idéale pour trouver toutes les données qui sont générées sur la transmission, vous pouvez trouver des informations démographiques sur vos téléspectateurs, ainsi que le temps de lecture pour que le contenu suive cette direction, ce type d'indication est important pour un streamer. Pour monétiser, il est essentiel de consacrer une plus grande importance à ces résultats pour croître de façon exponentielle, donc au moment de faire la retransmission ces considérations se traduisent par un point de départ vital, une bonne information aide à créer des stratégies, tout découle de l'étude de chaque donnée pour être une aide.

- Vidéos

Grâce à cette alternative, vous pouvez trouver la possibilité de publier des vidéos éditées, ainsi que celles que vous avez enregistrées et qui peuvent être publiées en tant que faux live, au point de former une collection, de trouver des clips vidéo qui sont d'autres streamers et vous pouvez les avoir pour les regarder à tout moment.

## Connaissez-vous les astuces de la configuration Twitch ?

La configuration est une partie essentielle du panneau de contrôle, c'est une section très importante pour devenir un streamer de grande distinction, vous devez donc mettre en pratique les points suivants :

- Chaîne

Après l'option de canal, vous pouvez trouver la clé de retransmission afin que vous puissiez l'utiliser dans OBS, à cela est ajouté le pouvoir de sauver ou non les émissions que vous avez fait un certain temps précédent, il ya une période de 14 jours pour cette option, dans le cas des utilisateurs Prime, les partenaires ou aussi turbo avec 60 jours afin que les émissions ne sont pas perdus.

En plus des alternatives est l'incorporation de contenu adulte qui peut faire partie de votre chaîne, il ne s'agit pas de la diffusion de scènes avec la menace ou la pornographie, mais certains contenus inappropriés qui peuvent être exclus de la plate-forme, il est donc recommandé que cette option peut être activée par précaution.

D'autre part, vous pouvez choisir la préférence d'optimisation, de sorte que la qualité vidéo puisse être ajustée pour que le flux corresponde à vos attentes, c'est un excellent moyen de réduire les ressources du PC, avec le clic sur la faible latence, ce sont des paramètres qui peuvent diminuer tout le stress pour vous.

La question des permissions sur Twitch est une étape pour que d'autres personnes puissent diffuser sur votre canal, cela devient utile lorsqu'il s'agit de magazines de jeux vidéo, ou tout autre sujet où plus de personnes participeront, où toute l'activité est concentrée dans un seul canal.

Un autre type d'astuce qui peut être appliqué pour que les streamers puissent créer une chaîne beaucoup plus marquante et pleine de qualité, est l'inclusion d'une bannière pour le lecteur vidéo, afin que lorsque la chaîne est désactivée, ils puissent entrer pour trouver les vidéos précédentes, sans avoir à être accueillis par l'écran noir.

Le thème des rôles aide la plateforme à distribuer les permissions avec d'autres utilisateurs, dans le cas de la nomination d'un éditeur est un utilisateur qui a les mêmes pouvoirs que le propriétaire du canal, tandis que le modérateur est responsable du contrôle du chat et les VIP sont des membres éminents de la communauté.

Enfin, il y a les paramètres de modération, où vous pouvez gérer le chat, pour gérer la façon dont ils peuvent vous contacter, il s'agit d'une mesure importante pour assurer la meilleure interaction, pour en profiter est nécessaire de vérifier par e-mail.

## Comment gagner des followers sur Twitch

Tant que vous êtes conscient de chaque fonction de configuration que Twitch fournit, vous pouvez construire un compte vraiment attrayant, où l'idée est que vous pouvez jouer votre contenu sur OBS sans problèmes, ayant clair le type de jeu avec lequel vous allez commencer, il reste seulement à commencer à être un grand streamer.

Bien que gagner des adeptes sur cette plateforme ne se fasse pas du jour au lendemain, surtout avec des milliers de chaînes dans le monde, l'essentiel est donc de proposer un contenu original et de savoir utiliser des astuces inédites pour accélérer l'impact que vous pouvez avoir sur le public, bien qu'il y ait des étapes clés pour arriver à ce point, comme les suivantes :

- Découvrez le type de streamer que vous voulez être

Un compte a besoin d'une identité, donc le premier doute concerne ce dont il s'agira, si un seul jeu spécifique, ou si ce sont toutes les sorties qui sont en tendance, à cela s'ajoute la décision du type de console à utiliser, cela peut être un PC, PS4, Xbox ONE ou même Nintendo Switch ce sont les décisions initiales qui marquent un style.

- Élaborer une stratégie pour susciter l'intérêt

Il est important qu'avant de vous aventurer sur Twitch, vous gardiez à l'esprit qu'il ne s'agit pas de diffuser pour votre propre intérêt sans offrir de divertissement, car il y a une grande marge de concurrence et vous devez donc avoir un contenu différent où vous pouvez tester vos compétences et les nouvelles astuces que vous avez.

- Déterminer le contenu le plus approprié

Dans le désir d'avoir votre propre communauté, vous devez leur présenter des conseils et des astuces qui peuvent les amener à obtenir les réponses qu'ils recherchent sur un jeu, combinés à une personnalité attachante qui est bien informée tout en étant divertissante pour profiter de la durée du contenu en douceur.

Il existe de nombreuses façons de faire une diffusion Twitch lorsqu'il s'agit de thématisation, l'important est que vous puissiez vous sentir à l'aise, mais surtout que vous preniez du plaisir à faire ce que vous faites, parce qu'au final, cela peut être transmis aux utilisateurs et c'est un excellent moyen de monétiser comme vous l'aspirez.

- Fixez des objectifs et soyez cohérent

Un streamer doit s'engager à atteindre ses objectifs, pour cela il doit agir comme un professionnel, car si vous prenez soin de votre chaîne, vous prenez soin de suivre les horaires convenables pour gagner de l'audience, avec le temps vous gagnerez en réputation, il s'agit d'exercer une grande continuité sur le planning et l'objectif que vous vous fixez.

- Organiser des événements ou des tombolas de temps en temps.

Rien n'est plus excitant que de suivre de près un compte qui distribue des cadeaux. Pour que les personnes qui vous suivent se montrent plus enthousiastes à l'égard de votre contenu, il ne fait aucun doute qu'une grande motivation est de proposer une loterie, ce qui vous donne une excellente occasion d'attirer davantage de personnes vers votre contenu.

- Créer des stratégies de croissance sur d'autres réseaux sociaux

Twitch est connu comme un réseau social, mais le compte que vous avez créé sur cette plateforme, doit être exposé sur d'autres réseaux sociaux pour également gagner plus d'attraction, donc votre projet a besoin d'un plan de médias sociaux, où vous obtenez le trafic ou l'audience d'Instagram, Twitter ou Facebook à Twitch.

S'engager avec plus de followers est un grand signe de succès pour chaque compte Twitch, tant que plus d'interaction peut être générée, ce sera un grand avantage de partager du contenu avec d'autres streamers, c'est une aide ou un soutien de chaque média social pour qu'une idée puisse grandir de toutes les manières.

- Participer à des événements et créer des alliances

Dans le monde du jeu, il existe de nombreux événements que vous pouvez envisager, ces types de rassemblements peuvent être utilisés comme une sorte de tremplin pour gagner plus d'influence dans le monde du jeu, il s'agit de transformer votre chaîne en un métier au point de monétiser avec d'autres streamers du secteur.

- Renforce les besoins en matière de conception graphique

Une chaîne doit être conforme avec le plus grand détail possible, pour cette raison c'est une obligation d'investir dans des outils en ligne qui peuvent être d'une grande aide pour émettre une grande présence sur cette plateforme en ligne, le but est que chaque adepte puisse être captivé quand il entre dans votre chaîne.

- Utiliser d'autres canaux pour retransmettre

En plus de Twitch, se tourner vers d'autres options de diffusion permet à votre contenu d'être capté par un large public, vous pouvez compter sur Facebook Live ainsi que sur

YouTube, tout est permis lorsqu'il s'agit d'améliorer votre présence, de cette façon les adeptes peuvent ensuite migrer vers votre compte et vous aider à vous développer.

- Explorer des techniques pour attirer davantage l'attention

L'étude des téléspectateurs par le biais du neuromarketing est une option disponible pour anticiper et connaître leurs attentes, vous pouvez également ajuster votre contenu à ce qui est le plus attrayant pour votre communauté, en utilisant des astuces qui peuvent les amener à rester à l'écoute de votre chaîne, d'un point de vue plus émotionnel, par opposition à l'analyse des données.

- Appels aux stratégies de suivi de base

Lorsque vous débutez sur Twitch, vous pouvez choisir des alternatives telles que le populaire "suivez-moi et je vous suivrai", dans certains cas avancés cela ne laisse pas une bonne image, mais lorsqu'il s'agit de former un canal à partir de zéro, tout change, ce type d'actions fonctionne pour démarrer mais ne sont pas recommandées pour continuer.

## Comment gagner de l'argent avec Twitch

Beaucoup de gens ne sont pas conscients de l'avantage de gagner de l'argent en étant streamer, mais c'est vrai quand on suit les étapes appropriées, mais c'est un objectif qui prend du temps car il s'agit d'être cohérent avec chacun des conseils mentionnés, qu'il vaut mieux exercer parce que vous les aimez plutôt que pour le simple but de gagner de l'argent. Cependant, vous devez tenir compte du fait que Twitch a également un programme d'affiliation comme Amazon, mais vous devez répondre aux exigences d'avoir transmis au moins 500 minutes au cours des 30 derniers jours, ou également avoir fait une retransmission pendant 7 jours uniques au cours des 30 derniers jours.

Parmi les exigences, il y a l'obligation d'avoir une moyenne de 3 spectateurs en même temps, au cours des 30 derniers jours, et quant aux followers, il faut atteindre le montant de 50, ainsi que l'activation de l'authentification en deux étapes, ce qui permet de se qualifier pour le programme d'affiliation.

En plus du programme d'affiliation, il y a une autre façon de gagner de l'argent comme c'est le système de don, ceci est activé par la création d'une bannière où les adeptes peuvent faire des dons qui stimulent la croissance de la chaîne, donc il est important la question du charisme envers les adeptes.

Une autre façon de monétiser sur Twitch, est de profiter de votre audience pour faire partie d'autres types de programmes d'affiliation, soit par le biais de liens qui vous fournissent une commission lorsqu'un achat se produit après celui-ci, tout comme cela se produit avec le système d'affiliation que Amazon et d'autres magasins similaires dans le secteur des jeux ont.

De plus, il y a la possibilité de monétiser avec des affiliés et un système de Bits, c'est à dire recevoir un penny pour chaque fois que quelqu'un utilise un Bit pour envoyer un Cheers sur votre canal, c'est une autre alternative qui s'ajoute pour monétiser votre compte Twitch, tout dépend de la popularité du compte.

## Découvrez ce qu'est la Twitchcon.

Un événement qui fait partie de cette plateforme est le Twitchcon, c'est un week-end entier où se déroulent des activités, des streams, des tournois et toute autre concentration de fanatisme, car c'est un événement dédié dont chaque streamer peut profiter, ainsi qu'une bonne concentration d'alliés pour faire croître votre compte.

**Twitch ne se limite pas au streaming de jeux vidéo**

Le développement ou l'objectif de Twitch n'est pas seulement dédié aux jeux vidéo, mais c'est aussi une plateforme intéressante pour tous ceux qui ont quelque chose à raconter, car au-delà des jeux vidéo, une autre catégorie qui fait son chemin est le Talk Show et le podcast, plus connu sous le nom de "IRL", dédié à la musique et au théâtre.

Sur ces comptes, on trouve une grande variété de contenus consacrés à la science et à la technologie, ainsi que des personnes partageant des idées d'artisanat, traitant de questions de beauté, et le monde du sport ou du fitness a trouvé sa place sur cette plateforme attrayante, sans oublier la diffusion de recettes en direct.

Mais la grande particularité de cette nouvelle tendance, ce sont les chaînes "Just Chatting", qui ne sont rien d'autre que des personnes qui utilisent leur webcam pour parler des sujets qu'ils préfèrent, tout en suivant les règles et les politiques de la plate-forme. C'est une ingéniosité qui, pour beaucoup, est folle, mais qui génère une grande marge de trafic.

S'il est vrai que la diffusion de parties et de tournois de jeux vidéo a un pouvoir plus important sur cette plateforme, au point de rassembler des millions de personnes qui aiment regarder d'autres personnes jouer, il s'agit d'une tendance de la génération elle-même, qui génère une expérience irrésistible qui maintient la catégorie en vie.

## Ce qu'il faut pour créer une chaîne à succès sur Twitch

La principale condition pour qu'une chaîne Twitch se développe comme vous l'aspirez, est la persévérance et le grand désir de créer du vrai contenu, avoir ce genre d'initiative ajoute tout accessoire reste d'une grande utilité comme un PC ou une console de jeu qui vous permet de diffuser sans soucis.

En plus d'avoir les accessoires pour jouer, un logiciel est nécessaire pour effectuer le streaming et peut être laissé avec une grande impression de qualité, pour améliorer l'expérience de ces enregistrements ont un microphone ou un casque est un moyen de communication important pour raconter ou exprimer ce qui se passe.

Ce dont vous aurez besoin dépend du type de jeu que vous souhaitez diffuser, afin de pouvoir projeter la meilleure image possible du jeu, mais la plupart utilisent un PC nécessitant au moins 8 Go de RAM, ainsi qu'un système Windows 7 ou supérieur, et un Mac est également pris en charge.

A partir d'un PC, il est important d'avoir une carte graphique assez puissante pour exécuter DirectX 10 ou plus, à cela s'ajoute la nécessité d'une connexion internet acceptable, qui doit avoir 3MB par seconde, ceci est dû à la charge qui provoque la retransmission donc certains arrivent à utiliser deux PC.

## De quel type de logiciel avez-vous besoin pour faire du streaming sur Twitch ?

Il est essentiel que chaque streamer puisse disposer d'outils tels qu'un logiciel de transmission, car c'est le moyen de montrer le contenu au monde entier, pour cela sont utilisés des programmes tels que Open Broadcasting Software (OBS), qui peut être utilisé gratuitement.

D'autre part, il y a XSplit qui a une interface beaucoup plus intuitive, bien que ses fonctions les plus remarquables soient payantes, une fois que vous vous conformez à ce choix, vous devez faire les configurations suivantes ; les sources du jeu et aussi de la webcam, car c'est une représentation du streaming.

Les éléments qui apparaissent devant le spectateur doivent également avoir un niveau esthétique élevé, de sorte que lorsqu'une personne s'abonne à la chaîne, elle obtient une grande apparence de conception, et enfin dans les questions de logiciel, il est important d'avoir tout synchronisé avec le compte Twitch pour commencer dans le monde de la diffusion.

## Comment faire du streaming à partir de consoles de jeux vidéo

Si vous avez une Xbox One ou PS4, vous avez la fonction d'enregistrer à partir de votre console, sans l'intervention d'autres logiciels, il peut être plus facile pour certains, c'est parce que vous pouvez avoir l'application gratuite Twitch sur Xbox One et PS4 peut entrer dans le menu de partager le système.

Bien que la différence entre l'utilisation d'une console et d'un PC, est que la transmission à partir d'une console ne peut pas être personnalisée comme vous êtes habitué, mais c'est une grande première étape pour gagner le confort au sein de Twitch, cette possibilité est également offerte par Nintendo Switch, bien que vous devez avoir une carte de capture.

L'une des alternatives les plus populaires est sans aucun doute la carte de capture Elgato Game Capture HD, pour un enregistrement sans faille en 1080p, à partir d'une Xbox One, 360, également sur PS4, PS3 et Wii U, a une grande compatibilité avec tous les systèmes de sortie HDMI.

## Comment diffuser sur Twitch depuis un PC ?

Lorsque vous jouez sur PC, vous pouvez faire du streaming en intégrant un bon matériel, ainsi qu'un logiciel de streaming. Après avoir installé ce logiciel, que ce soit OBS ou un autre, il vous suffit de vous connecter à Twitch.tv, d'aller dans le panneau de configuration, de sélectionner le jeu, puis de colorier le titre à diffuser.

- Préparation de la diffusion de l'OBS

La première chose à faire est de faire un clic droit sur OBS pour l'exécuter en tant qu'administrateur, la prochaine chose est d'aller dans les paramètres de streaming, où vous pouvez aller sur Twitch pour accéder au service de streaming, lorsque vous revenez au panneau Twitch, vous pouvez sélectionner la clé de streaming pour suivre les invites et tout configurer.

- Préparation de la retransmission avec XSplit

Lors de l'ouverture de XSplit, la première chose à faire est d'ajouter Twitch à la diffusion, puis d'accorder l'autorisation, afin que les paramètres de résolution soient effectués automatiquement, puis de modifier les propriétés de la transmission et enfin d'accepter les changements afin que ce mode de retransmission puisse être mis en action.

# Comment diffuser sur Twitch depuis la Xbox One ?

Lorsque vous avez une Xbox One, vous pouvez faire des émissions pour devenir une grande star sur Twitch, il est très simple de suivre cette option, surtout il est devenu plus important avec des jeux sur Fortnite, en outre, il est seulement nécessaire d'effectuer une série d'étapes précédentes pour utiliser cette console au maximum, avec les étapes suivantes :

- 1- Vous devez télécharger l'application Twitch que vous pouvez obtenir sur le Xbox Store.
- 2- Lorsque vous vous connectez, vous devez associer votre compte Twitch actif pour commencer le streaming depuis l'application.
- 3- Ensuite pour synchroniser le compte vous devez visiter https://twitch.tv/activate à partir du navigateur à travers n'importe quel dispositif pour entrer le code trouvé sur l'écran.
- 4- Entrez le jeu que vous souhaitez diffuser depuis la Xbox One.
- 5- En cliquant sur le bouton d'accueil, vous pouvez entrer dans la diffusion, où vous pouvez utiliser Kinect ou avec le microphone, vous pouvez également ment accéder avec Cortana.
- 6- Entrez le titre de la transmission et effectuez les réglages du microphone, de la Kinect et du chat.
- 7- Lancez une émission complète sur Twitch pour devenir un véritable streamer.

## Comment streamer sur Twitch avec la PS4

De la PS4, vous pouvez streamer n'importe quel jeu pour gagner du contenu sur le compte Twitch, ce qui est idéal avant les audiences telles que Resident Evil 7, où en plus de tout rejoint la possibilité de faire des commentaires pour ajouter plus d'excitation au développement, cela devient une réalité avec les étapes suivantes :

- 1- Vous devez appuyer sur le bouton pour lancer l'action de partage d'une manette PS4 lorsque vous êtes dans le jeu.
- 2- Choisissez l'action "Diffusion du jeu".
- 3- Sélectionnez Twitch.
- 4- Vous devez vous connecter au compte.
- 5- Entrez l'adresse suivante https://twitch.tv/activate pour entrer le code trouvé sur l'écran du téléviseur.
- 6- Choisissez un OK sur la PS4.
- 7- Il est temps de choisir le Twitch une fois de plus.
- 8- Il a des options personnalisées pour démarrer la transmission.

- 9- Une fois que vous avez rempli ces options, vous pouvez être en direct sur Twitch.

Il ya une application sur PS4 de Twitch, mais il n'est pas nécessaire pour la diffusion, mais utilisé pour profiter du contenu des autres, c'est une alternative qui a le PlayStation Store, parce qu'il n'ya pas de limites pour partager du contenu sur Twitch, sur la console elle-même vous avez cette possibilité.

## Comment diffuser sur Twitch avec la Nintendo Switch ?

La console Nintendo Switch vous permet d'avoir des diffusions exclusives pour Twitch, bien qu'il soit encore nécessaire d'opter pour la manière traditionnelle avec la carte de capture, sinon vous pouvez exercer les étapes suivantes pour faire du streaming via cette console :

- 1- Vous avez besoin d'une carte de capture, la transmission interne n'est pas permise par la Nintendo Switch, lorsque vous la connectez à la TV vous avez besoin du câble HDMI pour voir sur la TV ce que vous faites pendant la transmission.

- 2- En outre, vous devez intégrer le PC, après quoi vous pourrez contrôler le jeu, au moyen du logiciel de transmission du PC, bien que de ce point de vue, le jeu soit projeté un peu en retard.

## Comment capturer les moments les plus épiques sur Twitch ?

Dans chaque canal Twitch peut surgir un moment vraiment étonnant que vous voulez partager avec vos amis, il est facile de capturer afin que le point culminant du site Twitch peut être utilisé comme une publicité ou tout simplement faire la tendance, cela est rendu possible par la fonctionnalité appelée comme Twitch Clips.

Pour avoir les points forts de la chaîne Twitch vous pouvez utiliser les clips, cette fonction est étendue à tous les utilisateurs de Twitch, à condition qu'ils soient des chaînes associées, c'est-à-dire tous ceux qui ont un bouton d'abonnement, une fois que vous avez cette condition, il suffit de suivre les étapes ci-dessous :

- 1- Entrez dans le canal Twitch de votre choix, et vérifiez qu'il s'agit d'un compte associé, cela peut être vu si le canal a un bouton d'abonnement violet, il est également nécessaire de considérer que c'est une option pour le contenu en direct, cependant avec des vidéos préenregistrées cela ne fonctionne pas.

- 2- Vous devez survoler le lecteur vidéo pour ensuite faire un clip qui se trouve en bas à droite, un clip de 30 secondes permet d'exposer un nouvel onglet, selon le thème de Twitch vous pouvez capturer des clips d'au moins 25 secondes précédents depuis le clic que vous avez donné.
- 3- En cliquant sur l'onglet suivant pour regarder le clip qui vient d'être enregistré, vous pouvez utiliser les boutons Twitter, Reddit et Facebook, ceux-ci sont situés en haut à droite, vous pouvez donc partager la vidéo sur l'un de ces sites ou espaces numériques.
- 4- Une autre option que vous pouvez utiliser est de copier le lien pour l'envoyer à un ami, afin qu'il puisse voir le clip où le nom de l'utilisateur apparaît en haut à droite, d'autre part il y a des liens pour

entrer directement sur le site du streamer en bas, c'est donc une forme de publicité.

Lorsque vous diffusez à vos followers, vous pouvez faire en sorte que ce désir de montrer un fragment particulier de la lecture se réalise, surtout lorsqu'une pièce importante a été jouée ou qu'il s'agit d'un contenu vedette, afin de donner l'attention que ce moment mérite avec l'installation du clic personnalisé.

## Données de marketing numérique de Twitch pour 2021

La plateforme Twitch est une proposition intéressante dans le monde numérique, surtout pour l'énorme mouvement d'utilisateurs actifs qui permettent de réaliser des campagnes de marketing de toutes sortes, donc devenir visible est encore une opportunité d'être un champ ouvert après lequel réaliser l'établissement d'un canal d'impact.

Étant donné la faible saturation qui existe sur cette plateforme, il y a une grande possibilité d'obtenir une marge de succès significative, c'est une réalité qui est mise en pratique lorsque vous découvrez les astuces et les tendances suivantes qui ont pris naissance après le trafic qui persiste sur Twitch et si vous êtes intéressé par cette plateforme vous devez le savoir.

Les habitudes et les intérêts sur les transmissions aident à suivre de près la direction que prend cette innovation, où il faut reconnaître que la préférence des jeux vidéo peut changer pour d'autres thèmes, tout est question du type de public que l'on veut atteindre, qui devient de plus en plus varié.

Lorsqu'une croissance ou un changement de tendance se produit sur la plateforme, il est nécessaire d'agir et de mettre en œuvre un plan d'action pour qu'un compte Twitch puisse atteindre un grand niveau. Grâce à ces données, vous pouvez prendre les mesures correctives nécessaires :

- La majorité des utilisateurs de Twitch ont entre 18 et 34 ans, et au moins 14 % ont entre 13 et 17 ans, votre image doit donc être adaptée à ce type de public.
- Environ 65% du public est masculin.
- Un nombre élevé, soit 23 %, du trafic provient des États-Unis.

- L'Allemagne, la Corée du Sud et la Russie représentent 18 %, soit également une majorité.
- La plateforme est disponible dans un maximum de 230 pays.
- Environ 90 % du contenu des jeux vidéo est diffusé en continu par Twitch.
- Un pourcentage élevé de 63% du contenu lié aux jeux vidéo est transmis sur cette plateforme.
- Le nombre de spectateurs sur Twitch devrait augmenter de 5,9 % au cours de l'année.
- Au cours de l'année 2021, League of the Legends devrait continuer à être l'un des jeux vidéo les plus diffusés sur Twitch.
- Le principal sujet abordé sur Twitch est l'utilisation de la musique et les arts du spectacle.

A travers ces données il n'y a aucun doute que cette plateforme n'émet que des signes de croissance, pour cette raison il y a encore beaucoup de stratégies à réaliser sur Twitch, c'est un champ ouvert pour innover et faire que votre canal soit orienté vers les données les plus prédominantes, comme une simple action de marketing digital.

## Les tendances que vous devez connaître sur Twitch

En tenant compte de chaque donnée très utile sur le marketing numérique de Twitch, il y a un grand intérêt de la part des entreprises pour donner leur meilleur essai sur cette plateforme et capter l'attention de chaque utilisateur, mais en plus de cela il est nécessaire de considérer les tendances suivantes de Twitch :

- **Des célébrités montantes sur la plateforme**

Normalement, lorsque l'on parle de célébrités, celles-ci ne sont associées qu'à YouTube, mais sur Twitch, de plus en plus de stars du contenu émergent ou arrivent, elles sont uniques et comprennent des musiciens, ainsi que d'autres types de grandes stars créatives, et ce grâce au fait que davantage de personnes choisissent de faire partie de Twitch.

Cette plate-forme ouvre la voie à des présentations en direct, au point d'ajouter des concerts et d'autres événements similaires, où l'objectif principal est de produire une interaction avec leurs adeptes, ce type de relation ou nexus causes qui peuvent renforcer leur image et que le compte peut décoller où vous attendez.

Dans le cas de YouTube, il s'agit de se consacrer à la réalisation de vidéos, bien qu'il permette également des enregistrements en direct, mais dans le cas de Twitch, il y a un niveau élevé d'engagement, puisque dans cette plateforme la proximité avec le public est beaucoup plus proche que vous ne le pensez, tout est à votre entière facilité de sorte que ce traitement renforce le compte.

- **L'action du marketing d'influence**

Différents utilisateurs et entreprises sur Twitch vont beaucoup plus sur la performance d'un marketing d'influenceur, puisque avec leurs campagnes agendas ce type de figure, pour aller à un streamer qui a une grande communauté de followers sur la plate-forme et les amener à mentionner une marque, l'entreprise gagne ce type de publicité facilement.

Une stratégie aussi connue que celle-ci, ouvre la voie à un streamer pour opter pour l'obtention de bénéfices significatifs, c'est un intérêt réciproque qui surgit de part et d'autre et pour cette raison c'est une tendance qui ne semble pas changer dans les prochains mois ou années, tout dépend de la manière d'agir sur le marketing digital.

Tant que vous pouvez capter l'attention du public, non seulement la chaîne progresse, mais aussi de nombreuses marques peuvent être intéressées à conclure des accords avec vous pour profiter de votre popularité, pour cette raison il est précieux de maintenir un niveau élevé de proximité avec le public, car avec cette confiance vous pouvez monétiser efficacement.

La manière naturelle de produire une transmission est celle qui génère un point de rencontre d'interaction important, où indirectement s'établit cette proximité avec le public, pour cette raison obtenir un grand résultat sur une chaîne n'est pas si compliqué, tout dépend de la créativité et de l'effort.

- **Annonces en libre-service**

En suivant cette tendance, les marques parviennent à faire de la publicité pour toutes sortes de produits ou de marques sur Twitch, cela se fait à travers des actions qui sont recréées en direct, où la participation du message publicitaire est remarquée, surtout dans les événements qui se déroulent en direct et où la participation du public est remarquée.

Ce concept ou activité est développé lorsqu'une entreprise est chargée de créer un contenu qui puisse séduire le public du streamer, ce qui n'est pas compliqué à exercer à travers une telle plateforme interactive, à laquelle s'ajoute un grand nombre d'outils proposés par Twitch à toutes fins commerciales pour avoir un développement polyvalent.

- **Augmentation de la publicité et réduction du parrainage**

L'apparition des publicités sur Twitch est due aux intérêts et aux actions des utilisateurs, pour cette raison, les partenaires de marque devraient se pencher sur le même thème qui domine l'apparition de la publicité, c'est un moyen de tracer la réussite de la transmission, afin que les streamers puissent mentionner les marques impliquées.

L'avantage de la publicité par le biais de Twitch et de ses créateurs de contenu, c'est qu'elle donne accès à une communauté plus interactive et même passionnée par ses goûts, c'est donc une plateforme plus puissante que les autres réseaux sociaux, c'est donc un moyen de démontrer la proximité avec le créateur et le public.

L'impact publicitaire que cette plateforme a est d'un grand niveau, et comme la plateforme postule une grande croissance, de la même manière il y aura plus d'intéressés à la publicité sur ce support, pour cette raison ce type de publicité est associé au fonctionnement d'Amazon tout est lié pour que les produits soient vus.

- **Les moments les plus populaires pour attirer un public**

Les comptes Twitch les plus réussis ont un modèle de comportement en commun, ce comportement est d'établir un calendrier à suivre de près, au moment de la transmission avec une fréquence ordonnée est atteint pour créer une habitude et avoir un meilleur impact sur le public, donc connaître les jours et les heures les plus actifs sont d'une grande aide.

Tirer le meilleur parti de l'audience est la clé pour renforcer un compte Twitch, de cette façon les flux en direct peuvent atteindre un meilleur niveau ou influence, donc pour récolter une grande portée il est important d'étudier le public cible pour suivre leur propre modèle et ainsi établir des diffusions régulières.

La différence entre un streamer professionnel et un débutant est de créer des habitudes pour émettre une grande image aux utilisateurs, cette préoccupation est parce que le public est fidèle aux créateurs qui utilisent des horaires et surtout qui présentent une activité constante, c'est la garantie que chaque utilisateur mérite de recevoir et que vous devez considérer.

- **Sweepstakes et concours**

L'une des performances les plus fréquentes au sein de Twitch avec le meilleur impact sont les sweepstakes et les concours, c'est parce que cette plate-forme est idéale pour façonner des événements qui ont ces caractéristiques, en outre il ya beaucoup d'applications qui aident l'aboutissement de ces événements.

Tant qu'il y a une loterie entre les deux, chaque utilisateur peut être motivé à s'abonner à la chaîne, ainsi qu'à créer du contenu pour obtenir le prix. Il s'agit d'une excellente stratégie de marketing numérique qui donne de bons résultats, car tout le monde veut gagner et les utilisateurs eux-mêmes font de la publicité pour le compte Twitch.

Chacune de ces tendances ouvre un grand planning à couvrir tout au long de l'année, lorsque chaque point est suivi avec un grand engagement, il y a une large possibilité d'atteindre la croissance que vous attendez, ce sont des attentes analysées en fonction de la réalité des utilisateurs, donc en suivant ces recommandations vous pouvez exceller sur la plate-forme.

## La raison pour laquelle Twitch a besoin de stratégies marketing

Il existe de nombreuses raisons d'inclure le marketing sur Twitch, la principale étant la liberté d'agir comme un champ numérique peu saturé, et surtout comme d'autres réseaux sociaux tels que Facebook et YouTube, de sorte que cette plate-forme a un grand potentiel pour émettre une intention publicitaire à l'audience.

La puissance publicitaire positive trouvée dans Twitch est une grande motivation, rejoint aussi le facteur de la phase de croissance, donc plus de tendances peuvent émerger, et il y a des entreprises qui chaque jour parient sur ce secteur, ce qui fait que c'est une plateforme à laquelle s'engager et investir avec une aspiration à long terme.

La performance globale qui émerge sur Twitch est un potentiel incroyable, car c'est un environnement qui permet d'atteindre n'importe quel coin du monde, pour cette raison, il devient un outil pour avoir un public de niveau international, et avant le lancement de certaines tenures finit par s'étendre à grande vitesse.

La popularité de Twitch est indescriptible et se retrouve dans une variété de catégories, cela confirme que le pouvoir du direct est toujours une réalité sur cette tendance moderne, donc Twitch est considéré comme une stratégie de marketing de premier niveau en raison de la facilité à assurer l'interaction entre les utilisateurs.

Le streamer est un point de départ essentiel pour de nombreux intérêts mondiaux, où l'aspect de la passion et de l'amour pour la création de contenus en direct ne se perd pas, car au-delà d'un événement, il s'agit d'un savoir et d'une compétence qui sont mis en scène et qui provoquent la réceptivité du public à tous égards.

## Comment diversifier votre public

Twitch est un environnement idéal pour trouver des contenus de toutes sortes, c'est donc l'endroit idéal pour les célébrations de jeux, c'est un véritable art ou créativité par les streamings où chaque personne cherche à se faire connaître pour une action extraordinaire au sein du jeu et surtout pour sa personnalité.

Les streamers deviennent acclamés grâce à leur gentillesse, au point de dominer le chat comme une star, bien que pour croître et capter l'audience il est vital d'avoir une étude d'opportunité, de présence, de technologie, d'interaction, de cohérence et de compétence, ceux-ci représentent un nombre à analyser pour suivre ce chemin.

Pour maîtriser l'opportunité de se développer sur Twitch il est nécessaire de faire des associations pour aspirer à obtenir des revenus, cette dynamique se développe à travers les étapes suivantes pour vous renforcer sur cette activité :

- Créer un créneau

Pour se démarquer parmi des millions d'utilisateurs, il suffit d'avoir de bonnes idées, en plus d'accepter que vous puissiez vous retrouver avec des comptes similaires à votre thème, l'important est de se démarquer avec chaque idée spécialisée, de diffuser un contenu de qualité, en plus de jouer et de générer une grande image où chaque spectateur se connecte avec ce que vous diffusez.

Le plaisir ne peut pas manquer dans le contenu qui est diffusé par streaming, il s'agit de nouvelles informations mais sans laisser de côté l'essence du jeu, car tant que ces sentiments de curiosité et de divertissement peuvent être semés, une communauté solide envers la chaîne se crée.

- Créer une fréquence d'accord

Il est crucial d'établir une fréquence sur le compte Twitch pour que le programme soit suivi et fréquenté, cette activité doit devenir une habitude pour que les adeptes ne manquent pas les diffusions, il s'agit de construire une agence importante à remplir et la publicité peut être faite dans d'autres médias sociaux.

Commencer par un streaming aléatoire ne fera que compliquer les choses, il est donc préférable de diffuser un contenu constant pour rassembler une bonne quantité de followers, le début de cette activité doit donner une image fiable pour faire grandir les autres.

- Elle conclut des alliances importantes

Le succès d'un streamer est un signe ou un attrait pour le considérer comme un allié nécessaire, car en travaillant avec d'autres vous pouvez grandir avec la popularité que d'autres stars possèdent, basé sur des alliances vous pouvez construire un nom sur Twitch, cela se produit en profitant des amis sur ce secteur.

En participant à un événement ou à une retransmission, il ne fait aucun doute que vous aurez une augmentation de vos adeptes, ce genre de présence acquise sur la communauté est un résultat assuré par l'association, et cela est pratique pour qu'une transmission soit plus suivie.

- Offre de divertissement et d'interaction

La fonction principale de Twitch est basée sur le fait que son objectif est de fournir du divertissement, donc l'expérience qui est semée sur le public fait partie de ce rôle clé à suivre de près, ce type de divertissement est fusionné avec l'interaction fournie par les salles de chat, c'est une obligation de garder les deux éléments.

L'interaction permet à une chaîne Twitch de recevoir le soutien de ses adeptes. Tant que vous parvenez à mettre chaque adepte à l'aise, il est bénéfique de se développer au sein de cette plateforme, en ce sens, la proximité est importante à maintenir pour former un public fidèle au contenu que vous fournissez.

Une fois que le nombre de vos adeptes augmente, vous ne pouvez pas perdre ce genre de proximité avec eux, car tous les efforts diminuent considérablement, il n'y a pas de raison de passer à une personnalité supérieure, mais plutôt d'avoir l'identité d'une chaîne dont on se souvient avant tout.

- Mettez vos doutes de côté lorsque vous lancez une entreprise sur Twitch.

Commencer dans le monde et les tâches d'un streamer peut être très effrayant, ne pas avoir le type de caméra que d'autres stars ont, ou aussi sur le sujet du PC, cela ne signifie pas que vous ne pouvez pas commencer, l'important est la volonté de s'efforcer de grandir, le reste peut être amélioré au fur et à mesure que vous progressez.

Avoir un compte Twitch n'est pas aussi exigeant que vous pourriez le penser, vous aurez donc la liberté de traiter directement avec votre public, car c'est la chose la plus importante au-delà de l'investissement dans l'équipement, il s'agit de pouvoir faire un pas à la fois afin que lorsque votre compte est en hausse vous puissiez penser à un studio.

- Le plaisir et la patience passent avant tout

Entrer dans Twitch est une carrière réussie pour laquelle se dédier, donc le travail acharné ainsi que la patience deviennent de grandes armes au milieu de cette plate-forme, bien que si vos objectifs sont économiques il est essentiel que pendant les trois premiers mois vous ayez de la patience dans ce sens, dans cette période de temps vous pouvez profiter de ce que vous faites.

Bien que l'on estime que pour devenir célèbre et générer de l'argent, il faut y consacrer au moins six mois, ce qui, à un moment donné, peut être accablant, mais il n'est pas nécessaire de perdre la tête ou de devenir une obsession, car dans ces circonstances, l'humeur peut baisser, l'essentiel est que votre désir reste intact.

La plus grande inspiration est de se rappeler la raison pour laquelle vous avez généré ces émissions, car si vous êtes passionné par le jeu, c'est la clé pour que cette activité devienne une habitude, en fait une carrière, de sorte qu'au final, cela peut produire une émission très amusante et agréable.

## Les meilleurs jeux à connaître pour Twitch

Obtenir une grande marge de croissance sur Twitch est une obsession pour de nombreux utilisateurs, surtout quand on cherche à générer de l'argent grâce à la passion des jeux vidéo, tirer le meilleur parti des millions d'utilisateurs actifs qui sont sur cette plateforme est une grande opportunité.

Devenir un grand streamer dépend aussi des compétences, tant de rêves sont créés pour s'aventurer dans ce monde, il est possible de devenir un professionnel sur ce média avec du dévouement et surtout des connaissances, car la popularité sur Twitch est très recherchée, mais aussi certains sujets sont très suivis et vous devez les connaître.

Bien que sur certains sujets qui sont des tendances, il est important de ne pas saturer certains jeux qui ont déjà beaucoup de matériel ou de contenu, pour cette raison, il est préférable de se consacrer à former une niche d'experts sur un sujet pour être un point fiable à travers lequel chaque utilisateur peut trouver ce qu'il aime.

Dans le monde des jeux vidéo, il est essentiel d'être informé à l'avance, notamment pour chercher à transmettre le meilleur de chaque jeu, et faire en sorte que la passion puisse être remarquée sur chaque plan, soignant ainsi l'engagement, c'est un point principal pour profiter du pouvoir d'obtenir plus de LED et de se faire connaître.

Avec la popularité de cette plateforme et l'effet d'Amazon, il y a beaucoup d'intérêt à diffuser des transmissions avec des articles ou des produits à travers lesquels vous pouvez recevoir un grand revenu publicitaire, c'est une pratique très populaire pour la génération Z et vous ne pouvez pas la négliger pour aucune raison.

L'investissement et le dévouement sur la publicité est une étape clé sur n'importe quel type de plate-forme, de sorte que dans Twitch vous ne pouvez pas négliger les objectifs du moyen qui assurera une grande entrée, donc savoir comment exercer la publicité résout beaucoup de doutes ou de préoccupations, où le monde des joueurs domine cette plateforme.

La planification pour entrer dans Twitch est une étape nécessaire, cela détermine la communauté la plus importante pour accéder à ce taux de participation qui est garanti avec votre public, cela avec la capacité est une arme puissante, donc avec les 10 jeux suivants, vous pouvez atteindre créer un canal de premier niveau :

- **1- Super Mario Maker**

Le jeu Super Mario Maker est un jeu de plates-formes à défilement latéral bien connu qui a remporté un grand succès auprès de la marque Nintendo, où les fans de Mario occupent une place importante, où chaque titre personnalisé est partagé avec d'autres utilisateurs avec beaucoup de passion.
Une autre raison pour laquelle ce jeu a un poids important est due aux 100 défis de Mario, où vous pouvez également explorer complètement le Royaume Champignon pour donner beaucoup de plaisir à toutes sortes de téléspectateurs, c'est parce que c'est un jeu parfait pour le streaming et la promotion de votre compte.
Il est beaucoup plus facile de tirer parti de l'interaction avec le public de Twitch avec un jeu aussi fréquent que celui-ci, surtout lorsque le public suit de près ce type de tendances numériques. Il existe un large public passionné par ce jeu, de sorte que vous pouvez créer votre propre contenu et partager ce type de jeu.

- **IRL**

L'action de faire de la publicité sur Twitch représente un investissement important dans tous les sens, donc chercher à avoir un niveau d'audience plus élevé est un objectif clair, donc l'inclusion d'une application est la solution à bien des égards, surtout pour la combinaison entre le charisme réel et le monde virtuel d'un jeu vidéo.

La présentation de l'IRL par Amazon a généré certains doutes, bien qu'il soit nécessaire de préciser qu'il ne s'agit pas vraiment d'un jeu, mais d'un canal où les utilisateurs parviennent à transmettre des moments de leur vie, ce type de fonction est idéal pour avancer sur une plateforme et au moment de générer la fonction de transmission d'un jeu.

Chaque utilisateur peut partager toute une série de contenus différents de l'aspect ludique, puisqu'il s'agit de partager et de capturer certains moments de la vie quotidienne. Ce type de divertissement suscite un grand intérêt auprès de certains publics, car ils ne cherchent pas seulement à voir des contenus synthétiques, mais ils recherchent des contenus d'une vie propre.

- **3- League of Legends**

La popularité de League of Legends a été ressentie à plusieurs reprises sur Twitch, de telle manière est arrivé en 2017, où il est devenu l'un des jeux les plus demandés sur cette plateforme, son intérêt a atteint jusqu'à 80 millions d'heures de transmission se référant à ce sujet.

LOL content est un jeu qui a été traditionnellement acclamé sur la plateforme, cela est dû à la passion pour les stratégies et les événements qui surgissent après une bataille en ligne, à cela s'ajoute la confrontation qu'ils ont créée en ligne pour former des équipes et créer un grand spectacle.

Il est élevé la popularité de ce jeu sur Twitch, même vers un accord professionnel, parce que tant que vous pouvez générer un niveau plus élevé de la concurrence augmente la quantité de téléspectateurs, et il n'y a rien de plus charmant sur le jeu que la compétitivité, cet esprit de dépassement aide à trouver un public actif.

- **4- Grand Theft Auto V**

Ce jeu fournit une forte proportion d'aventure et d'action, donc il est venu à être considéré comme l'un des meilleurs, à ce stade, il devient un produit de divertissement distingué, donc dans Twitch a un espace important, depuis son lancement en 2013 sa conception large a causé un haut niveau d'attraction.

La tendance qu'il a créée dans le monde est due à son énorme fan club, ceux-ci sont bien répartis sur l'application, pour cette raison il est devenu un excellent sujet à considérer, c'est une mesure spéciale pour les nouveaux utilisateurs et aussi pour les marques car c'est un moyen de capturer plus d'audience.

- ## 5- Counter-Strike : Global Offensive

Grâce à Conter-Strike : Global Offensive vous pouvez accéder à un public de joueurs classiques et passionnés. Les utilisateurs de Twitch ont donc une grande opportunité de faire sensation grâce à ce thème, et c'est également une option très populaire car c'est un jeu simple.

La grande compétitivité entre deux équipes et la lutte pour la victoire est une grande dynamique qui génère de l'attraction sur la plate-forme. Avec les huit modes de jeu et ses caractéristiques, il y a beaucoup à exposer et Twich est un support idéal à cette fin, où le public peut se connecter avec vos jeux. La trajectoire que l'on peut atteindre avec ce jeu est exceptionnelle, mais comme il s'agit d'une tendance encombrée, le plus habile serait de s'associer à un influenceur sur ce média, ou dans un autre réseau social pour gagner du trafic sur les transmissions que l'on peut faire, plus les forces s'associent, cela finit par refléter un grand nombre de téléspectateurs.

- **6- La légende de Zelda : Breath of the Wild**

Grâce à la saga de Te Legend of Zelda présente un grand scénario pour émerger sur Twitch, en particulier pour sa popularité avec Nintendo, et de chaque tranche qui est publié immédiatement les détails deviennent tendance sur cette plate-forme, il a également été classé comme l'un des meilleurs jeux vidéo.

En Twtich, avec un public passionné par ce jeu, vous pouvez progresser très rapidement, notamment en profitant de la puissance de chaque console, puisque PlayStation, Xbox ou Nintendo ont chacune leur propre communauté, au point d'avoir un grand nombre de fans qui préfèrent chaque incidence de ce jeu.

Ces derniers temps, ce jeu est de plus en plus plébiscité, grâce aussi aux connaissances qui ont été diffusées auprès du public, et en maîtrisant un détail de cette tendance, vous pouvez vous inscrire dans l'objectif de générer de l'attrait, en plus de lancer toute une série de campagnes publicitaires liées à ce jeu.

- **7- Dead by Daylight**

Pour créer du contenu pour ceux qui aiment le mystère et en même temps la terreur, la réponse à cela se trouve dans ce jeu où chaque combat pour la survie devient très intéressant, où le développement est basé sur un joueur face à quatre, et il s'agit d'assassins luttant pour la survie.

Chaque spectateur qui fait partie de Twitch cherche à vivre une expérience inoubliable, avec ce jeu, ils se sentiront comme dans un véritable film d'horreur, au milieu du développement, vous pouvez créer un grand charisme qui élève votre niveau au sein de la plate-forme, à ce stade, vous pouvez parier entièrement sur le marketing numérique pour une grande atmosphère.

- **8- Minecraft**

Un jeu comme Minecraft est décrit comme une grande aventure, malgré les premières impressions, placer des blocs s'avère être une grande opportunité, après 2009 il est devenu un jeu PC qui a généré un nombre énorme de ventes, ce qui signifie que derrière il y a un grand public passionné.

En étant capable de créer vos propres mondes, vous avez la possibilité de mettre en place un compte attractif, où les activités d'exploration peuvent séduire les spectateurs, le but est que vous puissiez offrir une grande expérience et tirer le meilleur parti du contenu de ce jeu vidéo, c'est donc un succès garanti.

- **9- Resident Evil 7**

Le jeu qui possède toutes les émotions fortes est sans aucun doute Resident Evil 7, chacune de ses sagas découvrent des détails importants que vous ne pouvez pas négliger, c'est un charme que vous ne pouvez pas manquer pour aucune raison, c'est une tendance qui a été bien reçu par le public de suivre de près la terreur.

Cette peur qui naît de la lutte des zombies avec d'autres créatures est postulée comme un grand aimant pour retenir de plus en plus de spectateurs, profitant du fait qu'il s'agit de l'un des meilleurs jeux, bien qu'il couvre un public cible un peu plus adulte que traditionnel, ces considérations sont essentielles pour que vous puissiez vous intégrer aux fans de ce jeu.

- **10- Fortnite**

Un des jeux avec un haut niveau de popularité sur les streams est Fortnite, depuis qu'il est arrivé avec sa sortie dans les progiciels, il est devenu un mode de jeu très populaire, gagnant toute l'attention sur les jeux de Battle Royale, surtout pour la version qui permet de jouer ou de participer gratuitement avec 100 joueurs.

Ce sont des jeux qui ont un large niveau d'audience, c'est un contenu qui ne peut pas manquer dans les tendances modernes, ou au moins peut être utilisé dans le cadre d'une stratégie pour être connu, le truc est de choisir le jeu qui va plus avec votre style et causer une grande sensation sur le public. Le choix d'un jeu est une mission initiale qui doit être faite avec soin pour s'assurer que vous êtes sous un thème qui a de la puissance sur Twitch, bien que tout le public se connecte plus avec le naturel aussi que vous pouvez diffuser, au milieu de cette interaction est que vous parvenez à vous promouvoir de la façon dont vous attendez sur la plate-forme ou autre réseau social.

Avec un jeu défini, vous pouvez établir des alliances commerciales pour devenir l'ambassadeur d'une marque, où chaque vue sera bien récompensée et vous aurez une motivation supplémentaire pour obtenir une plus grande audience, ce type d'action crée un compte durable et une incitation à en prendre soin.

Maintenant que vous connaissez le jeu et les moyens de tirer parti de son impact précieux, vous pouvez façonner un meilleur projet sur votre compte Twitch, jusqu'à le transformer en une marque importante, en suivant le cours du marketing numérique, il ne fait aucun doute que cela finit par se refléter sur la quantité de followers et même de téléspectateurs.

## Stratégies pour accroître l'engagement sur Twitch

Le streaming media est un monde qui a besoin de mesures de marketing, mais pour cela, au moment de lancer votre chaîne, il est nécessaire d'imposer des objectifs pour créer des stratégies qui permettent d'atteindre chaque but, où la chose fondamentale est de parier sur l'obtention de la visibilité et d'obtenir la quantité de followers que vous attendez.

Au-delà de la création de la chaîne Twitch nécessite un engagement, car vous devez vous tenir à vos objectifs, surtout si vous recherchez un bénéfice économique, cela devient une réalité grâce à un effort clair qui démontre votre passion, mais pour vivre sur Twitch la première chose à faire est d'atteindre les objectifs suivants :

- 1- Vous avez besoin que les utilisateurs visitent votre chaîne pour la première fois plus fréquemment.
- 2- Dans chaque transmission en direct, les utilisateurs doivent rester au moins 3 minutes.
- 3- L'interaction est une règle générale, donc plus il y a de commentaires dans le chat, mieux c'est pour l'image de la chaîne.
- 4- Les followers sont le but avant tout pour gagner en popularité, sans personnes il n'y a pas d'attention ou de but de la transmission.
- 5- Le canal d'écoulement doit être concordant avec le retour de l'utilisateur.
- 6- Obtenir des abonnements et des dons.

Par le biais de ces points importants ou des objectifs que vous parvenez à laisser de côté les erreurs ou les distractions au sein de la croissance du compte Twitch, mais tout a son temps et il est nécessaire de croître avec beaucoup de patience, pour cette raison, vous devez savoir une étape par étape pour émettre les stratégies nécessaires où le pouvoir se pose par le profil.

**Créer une chaîne Twitch accrocheuse**

Pour qu'une chaîne Twitch atteigne vraiment le niveau attendu, il faut commencer par un bon design, cela inclut la réalisation d'une bonne photo de profil, en plus de faire tous les ajustements sur les panneaux d'information, pour décrire les jeux ou le contenu à traiter pour l'exposer d'une grande manière.

Le cadre et le design génèrent un bon impact pour présenter votre compte, tout doit être associé au jeu ou au contenu montré dans la transmission, à cela s'ajoute les informations personnelles du streamer, où vous pouvez exposer le compte PayPal, tandis que le thème du système doit recevoir des mises à jour automatiques.

L'image et le projet de la chaîne doivent être clairs dès le début, tant que vous pouvez suivre une identité, ainsi qu'un échantillon de personnalité amusante, pour éveiller plus de raisons par lesquelles ils peuvent vous aimer sur Twitch, où deux motifs se réunissent, savoir comment divertir ou la compétence et la connaissance sur un sujet donné.

Pour qu'un follower reste assez longtemps sur la transmission, il est nécessaire de pouvoir susciter les émotions nécessaires, car si vous n'attirez pas l'attention, il est très facile de se retirer de la vidéo, donc l'attraction est un point important à considérer et qui ne peut pas manquer sur un streaming.

Les facteurs qui sont mis en évidence et qui comptent pour un utilisateur de Twitch est l'image de la chaîne, ainsi que le titre de la transmission, pour atteindre un nombre important de téléspectateurs, la compréhension de la relation entre ces trois points définit le succès sur cette plate-forme, pour cela ces concepts se posent :

- Image du canal

Sur Twitch il est très important de considérer l'image du canal, bien que sur ce point vous ne pouvez pas effectuer une sorte de manipulation, ce type d'image est celui qui est exposé au moment où le flux en direct se présente, mais vous avez le contrôle pour émettre une grande image personnelle à travers la mise en page qui est sur le flux.

Ce sont ces petits détails qui font la différence entre attirer ou non l'attention, car sans ou avec les aides supplémentaires de cette plateforme, vous obtenez des adeptes, mais ils peuvent partir complètement s'ils ne trouvent pas une impression idéale, le design laisse toujours un précédent important.

- Titre de la chaîne

Le titre de la chaîne est un aspect de grande valeur, car s'il n'est pas audacieux ou contagieux il ne provoquera pas un grand effet sur le public, c'est aussi ce qui vous fera sortir du lot, donc la recommandation est d'être original, très précis pour qu'il ne soit pas ennuyeux, puis il y a l'intention de maintenir l'attente.

Le bénéfice du canal est toujours important à délivrer à chaque utilisateur, donc ce sont des principes de base qui sont utilisés au sein de la publicité, ce ne sont pas de nouveaux conseils, mais aussi bien qu'ils sont très populaires, ils sont essentiels à respecter, un minimum d'oublis et vous perdez l'impact par des méthodes si accessibles.

- Nombre de spectateurs

Le nombre de téléspectateurs est une estimation, ce test sert à mesurer le type d'importance que le streaming reçoit sur d'autres personnes, car s'il est sur la bonne voie cela se reflète sur ce montant, et l'idée centrale est que plus de personnes entrent ou veulent suivre le contenu de près.

Bien que ce type de résultat dépende directement de l'algorithme de Twitch, puisqu'il fonctionne sur la base de ce facteur, car les chaînes qui ont plus d'audience sont promues, et pour tous ceux qui commencent cela représente un grand désavantage, surtout parce que chaque jour plus de nouvelles chaînes émergent.

Corriger ce détail d'avoir des téléspectateurs qui restent trois minutes sur la transmission est un aspect clé à suivre, cette moyenne est décisive pour évaluer la valeur causée ou émise par la chaîne, bien qu'à bien des égards il soit positif d'avoir une audience plus petite car elle est plus facile à contrôler.

La fréquence des utilisateurs peut être gérée lorsqu'il s'agit d'un petit nombre d'utilisateurs, car un principe du marketing consiste à garder les premiers utilisateurs, à fidéliser l'audience dont votre compte a besoin, l'intention étant que vous puissiez prendre soin de chaque utilisateur et penser ensuite à en gagner d'autres.

## L'algorithme de Twitch qui entrave votre croissance

La première chose à considérer avec ce désir de se développer sur Twitch, c'est que vous devez comprendre comment l'algorithme fonctionne, car c'est la principale cause de certaines chaînes étant plus regardées que d'autres, l'importance de la visibilité est due à trouver une visualisation plus élevée avec facilité.

Le positionnement au sein de Twitch est essentiel à maîtriser, cela existe au sein de chaque réseau social, et cette plateforme ne fait pas exception, mais son point de différence entre un compte et un autre est le nombre de spectateurs, c'est le facteur clé à couvrir pour être dans le top du streaming d'une catégorie ou d'un jeu vidéo.

Pour grimper au sein de cette plateforme il est nécessaire d'avoir un certain nombre de téléspectateurs, sinon tout devient compliqué, sans couvrir cet aspect il est impossible pour les nouveaux utilisateurs de vous trouver, sinon la croissance de votre compte Twitch est bloquée, il est donc nécessaire de s'occuper d'augmenter les téléspectateurs.

Une solution clé est la personnalisation de votre streaming, ce qui peut être fait au moyen d'un cadre, de widgets, d'extensions et d'alertes, ce qui permet d'obtenir une meilleure impression de la chaîne avec une diffusion professionnelle afin que votre transmission puisse présenter le type d'attraction dont vous avez besoin.

Vous devez effectuer une métrique post-streaming grâce à la plateforme qui montre des données avancées importantes, après ce progrès vous pouvez mettre en lumière le moment à travers lequel vous effectuez une conversion plus élevée dans le canal, avec cette étude vous pouvez améliorer votre activad sur la plateforme pour reproduire les comportements qui donnent des résultats.

## Tout sur les bots de Twitch et leurs fonctions

Au milieu du développement de Twitch ont été présentés des sites Web et des applications qui n'ont pas un but illicite, mais sont un moyen beaucoup plus facile de se développer sur cette plate-forme, dans le cas de la question de la fonction qui remplit un bot sur Twitch, ils sont des logiciels créés pour effectuer des tâches de façon répétitive.

L'intelligence de ces modules complémentaires représente un grand niveau pour remplacer le travail humain sur l'interaction de cette plateforme, mais traditionnellement ils ont couvert des fonctions telles que la reconnaissance vocale, ceci est un échantillon de la grande variété de bots qui existent et chacun remplit un but particulier.

Dans le cas de Twitch, trois types de bots sont mis en œuvre, les principaux sont : Chats-bots, view-bots, et follow-bots, le premier a une fonction qui n'échoue pas et sert de grand support pour interagir, les deux suivants aussi mais toute erreur ou abus peut être à l'origine d'une expulsion temporaire ou même permanente.

La situation de risque susmentionnée découle du fait que les chat-bots sont basés sur un système doté d'une intelligence artificielle pour exécuter des fonctions grâce auxquelles ils peuvent interagir avec d'autres membres du canal et passer inaperçus lorsqu'ils génèrent une interaction pour se faire connaître.

Ces bots sont populaires au sein de la plateforme, bien qu'il soit essentiel que leur fonctionnement soit modéré afin que Twitcht ne puisse pas émettre de sanctions. Les principaux avantages du bot par rapport au chat et à l'interaction sont les suivants :

- Pour les utilisateurs qui utilisent un langage offensant, une suspension peut être mise en place selon la durée que vous aurez déterminée.
- Vous pouvez créer des loteries et mettre en œuvre toute stratégie pour encourager les membres du chat.
- Développez des commandes personnalisées pour les chats.
- Facilite les demandes de chansons afin de maintenir un niveau élevé d'interaction.
- Le bot émet une réponse à une commande entrée par un utilisateur.

Alors que les follow-bots et les view-bots sont présentés comme des systèmes permettant d'augmenter les chiffres et d'améliorer l'impression sur la chaîne, ce type de comportement est contraire aux règles de Twitch, surtout lorsqu'on utilise de faux comptes ainsi que des scripts illégitimes qui sont utilisés entre-temps dans ce but.

L'utilisation de ces bots est totalement interdite, les suspensions vont de un à trente jours, en cas de récidive la sanction peut être appliquée pour une période indéfinie, il faut donc prendre des précautions pour ne pas perdre le canal, pour cette raison plus vous en savez, plus vous pouvez les utiliser à votre avantage sans tant de risques.

## Apprenez à utiliser un robot pour les discussions sur Twitch.

La fonction des chats-bots est orientée pour faciliter le travail d'un modérateur pour rendre les streamers plus à l'aise sur Twitch, à travers le pas à pas suivant vous apprendrez la meilleure façon de contrôler le chat de vos vidéos :

1- Connectez-vous à Twitch

Chaque robot possède certaines options particulières, mais le fonctionnement est globalement le même. La première étape consiste donc à connecter le compte Twitch avec le robot.

2- Connexion

Lors de la connexion des deux plateformes, vous devez vous trouver sur le site officiel du bot, afin de pouvoir ensuite trouver le bouton pour se connecter avec Twitch, où vous devez entrer vos données personnelles pour compléter cette étape de connexion.

## 3- Exigences finales

Pour compléter le processus, il suffit de suivre quelques étapes qui sont différentes pour chaque bot, en fonction de celui que vous utilisez, lorsque vous remplissez chaque exigence le bot devient actif dans le chat, il est un membre de la communauté Twitch, vous pouvez également accéder à la configuration du chat-bot pour répondre à vos besoins.

**Les fonctions des Chatbots**

Avant de prendre en compte les chatbots, il est essentiel d'être très clair sur chacune des fonctions qu'ils sont capables de réaliser, en sachant les utiliser complètement vous pourrez maîtriser le chat comme vous le souhaitez, les actions les plus importantes couvertes par le bot sont les suivantes :

- Ils aident à modérer le chat au moyen de commandes personnalisées, de sorte que chaque utilisateur puisse y avoir accès et être bien traité, c'est un grand soutien contre les trolls.
- Grâce à ces modérateurs, tous les types de transmission deviennent simples et dynamiques, bien

qu'ils ne remplacent pas les actions des modérateurs humains, mais fonctionnent comme un soutien.
- Limitez les utilisateurs qui utilisent des mots offensants dans le chat afin que tout soit en ordre.
- Il vous permet d'organiser des activités dynamiques telles que des jeux et des loteries sur le chat.
- Applique toutes les commandes possibles sur le chat après personnalisation.
- Il offre une expérience agréable qui peut augmenter l'action interactive avec la possibilité de demander des chansons.
- Fournit des réponses à l'utilisateur s'il poste et active une commande dans le chat.

## La liste incontournable des meilleurs chatbots à utiliser sur Twitch

La fonction des chats-bots est basée sur le fait d'être un grand outil pour développer efficacement l'interaction, à tel point qu'ils peuvent être utilisés comme des modérateurs humains, ils peuvent être chargés d'encourager le contact avec des milliers de participants qui sont dans le chat, pour cela vous pouvez utiliser les bots suivants considérés comme les meilleurs :

- **Nightbot**

Le design de ce robot est orienté vers YouTube, cette option offre des fonctions importantes pour gérer efficacement la modération du chat en direct, c'est un moyen automatique de rapprocher le public, ce niveau d'interaction augmente l'intérêt pour votre chaîne, c'est exactement ce dont vous avez besoin.

Le fonctionnement de ce bot fournit un panneau de contrôle très étendu où vous pouvez personnaliser vos objectifs en toute tranquillité, de cette façon vous aurez toutes sortes d'informations sur le chat de la communauté sans problèmes, ces options de personnalisation génèrent des journaux de chat qui sont très utiles, sans téléchargement et avec des fonctionnalités gratuites.

- **Moobot**

Le Moobot est un robot avec une grande trajectoire sur Twitch, pour cette raison il est l'un des plus efficaces, cela se produit grâce au fait que ses actions sont automatisées, donc vous pouvez l'oublier et l'interaction devient garantie, surtout avec les fonctionnalités qu'il a si exceptionnel.

Les fonctions supplémentaires de ce bot incluent la protection contre le SPAM, ainsi que des réponses de chat attractives pour susciter l'intérêt, son travail est personnalisé au moyen de commandes qui répondent à tous les besoins des spectateurs, ceci grâce à des outils avancés à votre disposition.

- **StreamElements**

Le StreamElements est un programme très fonctionnel qui peut être ajouté au chat sur Twitch où il est facilement géré et nettoyé, il est également compatible avec d'autres plateformes, dès le premier instant où la transmission a lieu, tout est entre les mains du bot pour s'occuper de chaque participant qui fait partie du stream.

Parmi les fonctionnalités du bot, il y a des commandes et des modules pour se débarrasser de l'ennui des SPAM, en plus de l'intégration d'un timer pour pénaliser les autres utilisateurs pour toute irrégularité, pour cela il y a 30 commandes pour que le chat ait les performances que vous attendez.

- **Streamlabs**

Ce bot était connu sous le nom d'Anknbot, il s'agit d'un bot développé et idéal pour une utilisation dans Mixer, YouTube et Twitch, sa différence avec les autres bots est basée sur l'exercice d'un système de monnaie, la réalisation de sweepstakes, le tableau de classement, les événements, les paris et une variété de fonctions.

Les outils de modération fournis par ce bot sont une grande opportunité, bien qu'il s'agisse d'un système gratuit, c'est une alternative fiable car il incorpore d'importantes alternatives de formation, avec cette gestion du chat vous pouvez rendre le canal plus attractif que vous ne le pensez.

- **Deepbot**

Enfin il y a Deepbot, il est postulé comme un logiciel libre dédié aux dons, au-delà de sa mission de modération du chat Twitch, il travaille également à attribuer des prix aux membres de la transmission, cela se matérialise par des tombolas, des demandes de chansons, et toute sorte de dynamique.

Un bot de ce type a des commandes très avancées pour gérer l'interaction au sein du canal, avec une large option pour personnaliser les commandes en fonction de vos besoins, le système est dans le nuage donc c'est une grande facilité pour aucun téléchargement, c'est un excellent moyen pour le canal Twitch de fonctionner correctement.

## Le hack gratuit pour Twitch.tv 2021 dont vous avez besoin

Une fois que vous êtes intéressé par la croissance et obtenir le hack pour Twitch, il ne fait aucun doute que cette motivation est due à l'aspiration à l'échelle plus rapide et plus simple, bien que d'abord il est nécessaire de savoir qu'il n'y a pas de hack qui est totalement gratuit, mais il ya des moyens par lesquels vous pouvez augmenter le nombre de téléspectateurs sans effort.

- **Suiveurs gratuits via Like4like.org**

Grâce au site Web Like4like.org, vous pouvez augmenter considérablement le nombre de vos adeptes, et le mieux, c'est qu'il s'agit d'une démarche gratuite, où la principale exigence est de suivre d'autres comptes ou personnes, mais cela peut se faire à partir d'un autre compte afin de ne pas donner une mauvaise impression et de ne pas éveiller les soupçons.

Ce type de processus n'est pas compliqué, il suffit d'effectuer les étapes suivantes pour ajouter votre chaîne à la liste des sites web :

    1- Vous devez vous inscrire sur le site Like4like.org.

    2- Accédez à "Annonce et gestion des pages", puis "TwitchFollows".

    3- Entrez l'URL qui provient de votre profil Twitch, et entrez ce que vous allez payer pour chaque follow, vous pouvez également entrer une description.

    4- Cliquez sur "Ajouter une URL".

Une fois que vous avez terminé ces étapes, vous devez obtenir les points que vous allez échanger contre des followers Twitch, ce qui est fait après le processus suivant :

    1- Connectez-vous à "Social Media Exchange", puis à "Twitch Followers".

2- Il est temps de suivre les chaînes des autres pour obtenir les points dont vous avez besoin.

En suivant ces étapes, vous pouvez obtenir les followers dont vous avez besoin pour votre compte Twitch, le meilleur de tous est qu'ils sont réels et qu'il n'y a pas de limite à cela, de plus vous n'encourez aucun risque de perdre le compte, ce sont des gens qui cherchent aussi à faire croître leur compte.

## Les meilleurs hacks payants pour Twitch

Il est nécessaire de préciser que les hacks payés sont beaucoup plus efficaces, car au-delà des followers vous pouvez également trouver l'achat de téléspectateurs pour le moment vous faites un streaming, de cette façon une vidéo gagne plus de potentiel à travers les visites qui causent le compte d'être beaucoup plus attrayant, vous devriez considérer ce qui suit :

- **Twitch bot (bon marché)**

Grâce à ce site Web, vous bénéficiez d'excellentes options à un prix économique, les packs comprenant des services tels que des visites de vidéos, des spectateurs, des suiveurs et des commentaires en direct.

- **Viewer Labs (cher)**

Cet autre site est l'un des meilleurs bot pour prendre le contrôle de Twitch, son offre est similaire à Twitch Bot, bien que le fonctionnement est meilleur pour le réalisme qu'il fournit, le détail est d'avoir un budget qui peut atteindre, si vous avez la possibilité est un bot que tout le monde aimerait avoir.

La fonction supplémentaire de ce bot est basée sur un service qui vous rapproche des autres services, de sorte que vous pouvez tester gratuitement toutes sortes de fonctions pendant au moins une demi-heure, ce qui garantit un investissement optimal.

# Pouvez-vous bannir un compte pour avoir utilisé un hack ou un bot ?

Ce doute peut arrêter l'intention de quiconque de croître dans Twitch en utilisant des hacks, mais la réponse à celui-ci est un retentissant "il dépend", la raison pour laquelle vous devez savoir pour savoir ce que vous faites, dans le cas de l'utilisation de bots s'ils peuvent vous interdire, la même chose se produit avec les hacks payés, cela se produit parce qu'il est l'action de bots.

Mais lorsque vous utilisez des médias gratuits, le compte n'est pas interdit, c'est parce que les followers sont de vraies personnes, celles-ci sont responsables de l'obtention de followers, de téléspectateurs et de commentaires, ils ne sont donc pas invalides, c'est une clarification surprenante car on pense qu'en payant il y a moins de risques.

Il est important de prendre en compte que lors de l'utilisation de bots ou de certains hacks pour se développer sur Twitch, vous pouvez atteindre un nombre moyen et le laisser pendant un certain temps jusqu'à ce que vous en ayez besoin, l'essentiel est de l'utiliser en faveur de gagner de l'interaction, également cela permet de se protéger d'éveiller des soupçons sur l'équipe de sécurité de la plate-forme.

## Découvrez comment augmenter et truquer le nombre de spectateurs sur Twitch.

La popularité de Twitch est en grande partie due aux célébrités qui se forment en diffusant la façon dont ils jouent depuis chez eux, cela ne crée pas seulement la célébrité, mais vous pouvez également gagner des millions de dollars par le jeu et surtout avec une personnalité naturelle pour démontrer leurs compétences ou nouveautés.

Tout le monde veut atteindre ce niveau de croissance sur Twitch, parce que la construction d'un nom sur cette plateforme peut être compliqué, mais il ya la possibilité de gagner des milliers de téléspectateurs sans tant d'attente ou de problème entre les deux, il est le faux vues, ces aider votre compte peut améliorer pour être attrayant pour les vues réelles.

Cependant, Twitch a une politique très stricte pour gérer la question des followers et des fausses vues, donc si un utilisateur est pris avec ces pratiques, vous pouvez recevoir certaines corrections, mais vous pouvez continuer à rendre invisible ces nombres de vues pour passer inaperçu par la sécurité.

Les tentatives de piratage de cette plateforme sont de plus en plus fréquentes, vous devez donc connaître le logiciel principal ou celui qui a le mieux fonctionné pour Twitch-viewer, de cette façon vous pouvez être sûr d'obtenir des chiffres qui ne sont pas de haut niveau afin de ne pas éveiller de soupçons.

# Rencontrez les meilleurs robots de Twitch

- **Twitch Viewer Bot**

Arriver au sommet de Twitch nécessite des efforts et une aide supplémentaires, c'est pourquoi l'utilisation de Twitch Viewer Bot est un service très utile qui présente des fonctions indétectables pour remplir l'objectif d'obtenir plus de téléspectateurs qui sont si nécessaires pour atteindre le succès au sein de cette plateforme.

Grâce à ce viewer bot, vous avez la possibilité de sélectionner le nombre de téléspectateurs que vous souhaitez obtenir, vous pouvez également activer le chatbot afin de diffuser une image réelle de la chaîne, pour cela le chatbot est idéal car il est chargé d'écrire des messages accompagnés de commentaires dans le cadre de l'interaction nécessaire.

Ce type de support donne l'impression qu'il s'agit de vraies personnes, surtout lorsqu'il permet d'ajuster la fréquence des messages, l'ensemble de l'opération semble authentique, c'est donc un excellent outil pour ajouter jusqu'à des milliers de followers sur la chaîne en quelques minutes.

En atteignant un grand nombre de spectateurs et de suiveurs, vous atteignez un haut niveau de popularité sur

Twitch, d'autant plus que le bot agit comme un add-on anonyme qui est négligé sur cette plateforme, il est considéré comme un moyen sûr de se débarrasser des faux spectateurs où les informations sont protégées par des proxies.

Il n'y a aucune restriction pour l'utiliser, cela vous permet de l'utiliser à votre avantage, ce service est disponible sous quatre modalités différentes, où un nombre spécifique de followers, de téléspectateurs et d'utilisateurs du chat sont offerts, le bronze vaut 10 $ et est le moins cher, avec 1000 followers, 75 téléspectateurs et 50 dans le chat.

- **Streambot**

Cet autre bot a un effet important sur Twitch, il est facilement utilisé pour atteindre les nombres minimums dont vous avez besoin pour commencer à générer de l'argent sur cette plateforme, tout cela grâce au fait qu'ils ont une importante base de données de téléspectateurs, ce site web a 2 millions d'utilisateurs et 15 millions de téléspectateurs quotidiens.

Un service comme ce bot est un coup de pouce pour arriver au sommet très rapidement, de cette façon une chaîne peut être amplifiée et changée avec ses caractéristiques en seulement deux jours, de plus vous avez la liberté de personnaliser le nombre de téléspectateurs que vous voulez et la source, ainsi que la fréquence des messages qui sont diffusés dans le chat.

**Autres titres de Red Influencer**

**Secrets pour les influenceurs : Growth Hacks pour Instagram et Youtube.**

Secrets pratiques pour gagner des abonnés sur Youtube et Instagram, créer de l'engagement et multiplier la portée.

Vous commencez à monétiser sur Instagram ou Youtube ?

Dans ce livre, vous trouverez des astuces pour augmenter votre portée. Des secrets pour des influenceurs directs et clairs tels que :

Automatiser les posts Instagram
Comment générer du trafic sur Instagram, 2020 astuces
Algorithme Instagram 2020, apprenez tout ce que vous devez savoir.
Des conseils sur Instagram pour améliorer l'interaction avec nos followers
18 façons de gagner des followers sur Instagram gratuitement
Apprenez avec nous comment monétiser votre profil Instagram.
Sites web clés pour obtenir rapidement des followers sur Instagram
Tendances Instagram 2020
Guide 2020 : Comment devenir un youtuber
Comment devenir un Youtuber Gamer
2020 Hacks pour obtenir plus d'abonnés sur YouTube
Des astuces pour classer vos vidéos YouTube en 2020
Hack pour Youtube, changer le bouton Pause pour le bouton Abonnement

Un livre avec lequel vous verrez à la fois les aspects généraux et ce qu'il faut faire pour vivre du métier d'influenceur.

Nous abordons ouvertement des sujets tels que l'achat de followers, et les hacks pour améliorer l'interaction. Des stratégies BlackHat à portée de main, que la plupart des agences ou influenceurs n'osent pas reconnaître.

Chez Red Influencer, nous conseillons depuis plus de 5 ans des micro-influenceurs comme vous pour créer leur stratégie de contenu, améliorer leur portée et leur impact dans les réseaux.

Si vous voulez devenir un influenceur, ce livre est incontournable. Vous devrez développer des connaissances sur les plateformes, les stratégies, les audiences et comment atteindre une visibilité maximale et monétiser votre activité.

Nous avons de l'expérience avec les influenceurs de tous les âges et de tous les sujets, et vous pouvez en être un aussi.

Procurez-vous ce livre et commencez à appliquer les secrets professionnels pour gagner des followers et devenir un influenceur.

Il s'agit d'un guide pratique pour les influenceurs de niveau intermédiaire et avancé, qui ne voient pas les résultats attendus ou qui sont bloqués.

La stratégie et l'engagement sont des facteurs aussi importants que le volume d'abonnés, mais il existe des astuces pour les booster, dans ce guide vous en trouverez plusieurs.

Peu importe si vous voulez être un Youtuber, un Instagrammer ou un Tuitero, avec ces stratégies et ces clés, vous pourrez les appliquer à vos réseaux sociaux.

Nous savons qu'il n'est pas facile d'être un influenceur et nous ne vendons pas de la fumée comme les autres, tout ce que vous trouverez dans ce livre est la synthèse de nombreuses histoires de réussite qui sont passées par notre agence.

Le marketing d'influence est là pour rester, quoi qu'on en dise. Et il y a de plus en plus d'ambassadeurs de marque. Des personnes qui, comme vous, ont commencé à travailler sur leur marque personnelle et à cibler une niche spécifique.

Nous dévoilons en détail tous les secrets de ce secteur qui fait bouger des millions de personnes !

Vous pourrez appliquer nos conseils et astuces à vos stratégies de médias sociaux pour augmenter le CTR, améliorer la fidélité et disposer d'une stratégie de contenu solide à moyen et long terme.

Si d'autres ont réussi à monétiser avec persévérance, dévouement et originalité, vous le pouvez aussi !

Dans notre plateforme redinfluencer.com nous avons des milliers d'utilisateurs enregistrés. Un canal de contact à travers lequel vous pouvez offrir vos services dans un marché d'avis pour les marques, et qui recevra des offres à votre email périodiquement.

www.ingramcontent.com/pod-product-compliance
Lightning Source LLC
Chambersburg PA
CBHW070435220526
45466CB00004B/1681